M. L'ABBÉ JANVIER

DOYEN DU CHAPITRE DE L'ÉGLISE MÉTROPOLITAINE

DE TOURS

ET PREMIER DIRECTEUR DE L'ŒUVRE DE LA SAINTE-FACE

NOTICE BIOGRAPHIQUE

PAR

M. L'ABBÉ POULE

CHANOINE HONORAIRE

CURÉ DE SAINT-PIERRE-DES-CORPS, A TOURS

TOURS

ORATOIRE DE LA SAINTE-FACE

8, RUE BERNARD-PALISSY, 8

(Ancienne rue Saint-Étienne)

1888

M. L'ABBÉ JANVIER

NOTICE BIOGRAPHIQUE

IMPRIMERIE PAUL BOUSREZ, TOURS.

M. L'ABBÉ JANVIER

DOYEN DU CHAPITRE DE L'ÉGLISE MÉTROPOLITAINE

DE TOURS

ET PREMIER DIRECTEUR DE L'ŒUVRE DE LA SAINTE-FACE

NOTICE BIOGRAPHIQUE

PAR

M. L'ABBÉ POULE

CHANOINE HONORAIRE

CURÉ DE SAINT-PIERRE-DES-CORPS, A TOURS

TOURS

ORATOIRE DE LA SAINTE-FACE

8, RUE BERNARD-PALISSY, 8

(Ancienne rue Saint-Étienne)

1888

M. L'ABBÉ JANVIER

NOTICE BIOGRAPHIQUE

La mort de M. l'abbé Janvier, doyen du Chapitre
métropolitain, a été, nous pouvons le dire, un deuil
auquel s'est associé le diocèse tout entier. Ses vertus
éminentes, sa belle intelligence, sa haute situation
dans le clergé, les services qu'il a rendus à l'Église
de Tours, lui avaient acquis dans tous les rangs
de la société une estime générale et une profonde
vénération. Des liens d'une étroite amitié nous
unissaient l'un à l'autre; pendant de longues années
nous avons vécu de la même vie, souvent nous
avons eu le secret de ses pensées : nous avons donc
été mieux à même que personne d'apprécier tout
ce qu'il y avait en lui de bonté de cœur, de distinc-

tion d'esprit et d'élévation de sentiments. Qu'on veuille bien nous permettre aujourd'hui de rendre un dernier hommage à sa mémoire, en retraçant ici en quelques lignes sa belle et sainte vie.

I

L'abbé Pierre-Désiré Janvier naquit en 1817, dans la petite ville de Saint-Christophe, située sur les confins du diocèse, d'une famille d'honnêtes ouvriers. Son père, vieux soldat de l'Empire, avait rapporté de la vie des camps une énergie de volonté et une certaine rudesse de caractère qui se trahissaient parfois dans son langage. Sa mère, modèle de femme chrétienne, joignait à une grande douceur une solide piété. Nous retrouverons plus d'une fois, dans la suite de ce récit, les traces de ces deux tempéraments opposés, harmonieusement fondus dans l'âme de leur fils.

Dès sa première jeunesse, l'abbé Janvier se distingua par une extrême candeur, beaucoup d'aménité et un grand fonds de foi et de piété. Tout en lui respirait cette modeste réserve qui sied si bien au jeune âge. Le curé de la paroisse, M. l'abbé Delépine, un confesseur de la foi, frappé de sa sagesse précoce, l'avait admis au nombre de ses enfants de chœur ; c'était son Eliacin de prédilection. Quand il servait à l'autel, tous les assistants admiraient avec édification sa bonne tenue, son air recueilli et le respect religieux qu'il apportait dans toutes les fonctions qu'il remplissait. Bien que d'une complexion frêle et délicate, il se mêlait volontiers à nos jeux et y mettait même de l'ardeur et de l'entrain. Ses camarades le regardaient comme un modèle, et lui portaient une véritable affection.

A cette époque, le clergé de Touraine était loin d'avoir comblé tous les vides qu'avait faits dans ses rangs la tourmente révolutionnaire. Aussi, partout, le clergé paroissial s'appliquait-il à développer les germes de vocation sacerdotale qu'il découvrait dans le cœur des jeunes enfants qui suivaient les catéchismes, et à guider les premiers pas de ceux que la grâce avait touchés, dans la carrière cléricale. L'abbé Janvier n'avait guère que dix ans, lorsque le vicaire de la paroisse, nouvellement installé, annonça du haut de la chaire, la première fois qu'il y monta, qu'ayant toujours eu du goût pour l'éducation de la jeunesse, il réunirait avec plaisir autour de lui quelques enfants que leurs parents voudraient bien lui confier pour leur apprendre le français et le latin. « As-tu entendu ce qu'a dit M. le vicaire, demanda Mme Janvier à son fils, au retour de l'office ? — Assurément, répondit celui-ci, et je serais heureux d'être admis à son école. » Ses vœux furent exaucés. Tout d'abord huit ou dix jeunes gens répondirent à l'appel du zélé ecclésiastique. Tous ne persévérèrent pas : trois d'entre eux cependant sont parvenus jusqu'au sacerdoce.

Malheureusement, au bout d'une année, le vicaire de Saint-Christophe ayant été nommé curé à l'autre extrémité du diocèse, ses élèves se dispersèrent. Mais il n'en fut aucun dont le pieux abbé se sépara avec plus de regret que de notre écolier, dont il avait pu apprécier la vive intelligence et les belles qualités. Ne pouvant l'emmener avec lui, il conseilla à ses parents de le placer dans une modeste pension qu'un digne ecclésiastique, M. l'abbé Pétillaut, avait fondée depuis quelque temps aux environs de la petite ville de Luynes. C'était une sorte d'école cléricale, où, sans qu'elle fût exclusivement ecclésiastique, on enseignait les éléments du latin à un certain nombre de jeunes gens qui se préparaient à entrer au petit Séminaire, dans lequel, alors, on n'était admis qu'en quatrième. Là, comme partout ailleurs, il se maintint toujours au premier rang. Cette pension était parfaitement tenue : l'éducation y était excellente, l'instruction solide et la discipline exacte et respectée. Le directeur avait la main ferme et le verbe un peu brusque : avec lui il fallait marcher droit son chemin, autrement le châtiment ne se faisait pas attendre. Du reste, loin de lui en savoir mauvais gré, ses élèves ne l'en aimaient que davantage, parce qu'ils savaient que cette sévérité avait sa source dans un dévouement dont il leur donnait chaque jour des preuves. De cette école, où leur âme avait ainsi été précocement trempée, sont sortis un grand nombre de prêtres, dont plusieurs fort distingués, qui, plus tard ont fait honneur au clergé par leur vertu et leur talent.

Après un séjour de deux ans dans la pension de M. Pétillaut, l'abbé Janvier fut admis au petit Séminaire, où il entra en quatrième. Cet établissement occupait alors l'ancien couvent des Minimes, à Saint-François, et avait pour supérieur M. l'abbé Genty, prêtre de grand mérite, qui devint plus tard vicaire général et curé de la cathédrale. C'était un homme de foi, grave, sérieux, austère, doué d'un grand sens pratique et d'un cœur excellent. Tous les élèves lui étaient fort attachés et avaient pour lui une vénération profonde. En quelques années, il était parvenu à mettre sur le meilleur pied l'organisation intérieure de la maison, et fut en même temps un des premiers promoteurs de l'extension donnée à l'enseignement dont le brillant et rapide développement allait bientôt jeter tant d'éclat. Ce fut dans cette enceinte pieuse et recueillie, à l'ombre des arbres séculaires, témoins, dit-on, des extases et des saintes oraisons du grand thaumaturge de la Calabre, que l'abbé Janvier acheva ses études classiques. Sur ce nouveau théâtre, il ne se démentit point. Sa piété, sa sagesse, son amour du travail en firent dès le début un élève modèle. Quel que fût l'objet de ses études, il y apportait tous ses soins : leçons et devoirs lui

méritaient également à chaque classe les éloges de
ses maîtres. Partout, il se montrait ami de l'ordre,
régulier et d'une tenue irréprochable. Rien n'éga-
lait son respect et sa soumission à l'égard de ses
supérieurs , aussi gagna-t-il promptement leur
affection; la beauté d'âme de ce jeune écolier con-
fiant, studieux et candide les ravissait. Tous l'aimaient tendrement dès son entrée au Séminaire.
Naturellement, et comme par la pente de son âme,
il s'était rangé parmi les élèves les plus sages et
les plus vertueux de la maison. L'élite dans le
savoir comme dans la vertu l'attirait toujours invin-
ciblement. De bonne heure, il s'enrôla dans une de
ces pieuses associations, où venaient se grouper
ceux des jeunes lévites qui voulaient s'exciter
mutuellement à la vertu et raviver leur piété au
souffle salutaire d'une sainte et fraternelle émula-
tion. Bien que l'élève le plus brillant de sa classe,
jamais il ne se prévalait de sa supériorité : il était
trop étranger à tout sentiment d'orgueil ou de
vanité pour se complaire en lui-même et s'élever
dans sa pensée au-dessus d'aucun de ses compagnons d'étude. Bon, aimable, bienveillant pour
chacun, il s'était attiré l'estime et l'amitié de tous
ses condisciples. Ce que ceux-ci aimaient surtout
en lui, c'était la piété douce, la simplicité naïve,
la cordialité ouverte et franche qui donnaient à son
commerce tant de charme et d'agrément. « Sa
conversation attirait », a dit une voix plus autorisée
que la nôtre; et déjà, sans doute, au milieu de ses

épanchements d'écolier, « elle laissait échapper un trait de savoir et de bonté, comme un foyer des étincelles. (1) » Ce fut surtout en seconde et en rhétorique que se révéla son talent littéraire. Déjà ses compositions étaient remarquables par l'élégance et la correction du style. Pendant tout le cours de ses études classiques, il obtint les plus brillants succès. Chaque année, à la distribution des prix, son application et son ardeur au travail lui méritaient les plus belles et les plus flatteuses récompenses.

Sa vocation sacerdotale ne lui fut jamais douteuse. Il passa donc, pour ainsi dire, comme de plain-pied, du petit au grand Séminaire. C'était en 1833. Il était encore bien jeune, il n'avait que 16 ans, pour aborder les graves études de la philosophie et de la théologie. Mais chez lui, la maturité de l'esprit suppléait à la maturité de l'âge. Naturellement sérieux et réfléchi, il ne tarda pas à se passionner pour des études qui lui offraient tant d'intérêt, et dont le développement déroulait sans cesse à ses yeux des aperçus nouveaux. Toutefois, ce qui l'y attachait par-dessus tout, c'était l'aliment précieux qu'il y trouvait pour sa foi et sa piété. La science pour la science et, encore moins, la science pour la gloire et la renommée ne fut jamais sa devise ; ses vues s'élevaient plus haut

(1) Lettre circulaire de Mgr l'Archevêque de Tours, à l'occasion de la mort de M. l'abbé Janvier.

et étaient plus chrétiennes. A mesure qu'il avait pénétré plus avant dans le sanctuaire, son âme s'était dilatée, agrandie : la pensée du sacerdoce auquel il se préparait éveillait au plus intime de lui-même de pures et saintes aspirations. Le goût des choses de Dieu, devenu de jour en jour plus sensible, le dominait davantage, et cédant à cet attrait supérieur de la grâce qui le sollicitait, il s'appliquait à orner sa vie de toutes les vertus que réclame cette sublime vocation. Chaque jour, il devenait plus humble, plus mortifié, plus intérieur et plus pieux. L'Ecriture compare le juste à un lis planté dans la maison de Dieu, qui y grandit et s'y couronne de fleurs éclatantes et parfumées. Tel était alors notre jeune théologien. Mais cette ascension vers la sainteté, n'ôtait rien à son amour de l'étude. Non content de se pénétrer de l'enseignement substantiel, mais nécessairement restreint, que lui offraient les auteurs classiques qu'il avait entre les mains, il avait recours à nos grands théologiens, feuilletait les saints Pères, faisait des extraits, prenait des notes, et développait ainsi ses connaissances en leur donnant plus d'ampleur et de solidité. Les idées justes ou profondes qu'il acquit de la sorte sur les bancs de l'école ne furent pas pour lui sans profit. Laissons lui le temps de s'en nourrir et de se les approprier, et alors nous les retrouverons sous sa plume ou sur ses lèvres, rajeunies et transformées en pensées neuves, tant elles seront empreintes de son talent personnel, tout en n'étant que d'heureuses reminiscences des Pères ou de nos grands orateurs chrétiens. A l'étude de la théologie, en effet, il joignait celle de l'art oratoire, se familiarisant avec les grands maîtres de la chaire chrétienne, et composant des sermons dont plusieurs, débités dans des exercices publics, lui attirèrent les félicitations de ses maîtres et de ses condisciples. Les uns et les autres admiraient son talent et son ardeur au travail ; mais personne parmi ses compagnons d'étude, n'était jaloux de ses succès, d'abord parce qu'ils étaient justement mérités, et, en second lieu, parce qu'ils n'offusquaient personne, car jamais il ne cherchait à s'en faire une auréole ; sa modestie lui en cachait à lui-même le mérite et son humilité lui en faisait mépriser la gloire. Sa franchise et sa cordialité le rendaient sympathique à tous ceux qui l'entouraient ; pendant les récréations, ses entretiens, d'où le sérieux n'excluait point la douce gaîté ni l'aimable enjouement, étaient fort recherchés. Il contracta dans le cours de ses études et plus tard dans sa vie, de fortes et saintes amitiés qui lui furent toujours chères, mais qui, aussi, en retour lui furent toujours fidèles Et comment en eût-il été autrement? Chez lui, la tendresse de l'âme allait de pair avec la bonté du cœur et était très attachante ; et, quand on l'avait aimé une fois, c'était pour toujours. Ainsi s'écoulèrent dans l'étude et la pratique des vertus cléricales, les quatre années qu'il passa au grand Séminaire. Son cours de théologie achevé, n'ayant pas encore l'âge requis pour être admis au sous-diaconat, il fut nommé professeur au petit Séminaire. Il y débuta par la sixième, puis bientôt il y professa successivement la seconde et la rhétorique.

Dès qu'il eut atteint l'âge prescrit par les canons, il fut promu au sous-diaconat, au diaconat et enfin au sacerdoce ; il n'est pas besoin de dire avec quelle foi vive et quel recueillement profond il s'y prépara. Ce que nous savons de lui suffit pour le faire comprendre. Il fut le dernier prêtre auquel Mgr de Montblanc imposa les mains.

Si l'estime et l'admiration qu'un professeur inspire à ses élèves est son plus bel éloge et la preuve la plus certaine de sa haute valeur, il faut reconnaître que l'abbé Janvier a été un professeur hors ligne, car il n'est personne parmi ses nombreux élèves qui n'ait conçu pour lui et constamment gardé de tels sentiments. La vérité est qu'il possédait à un degré remarquable les qualités qui font le professeur distingué : amour de l'étude, goût littéraire, fermeté sans rigueur et dévouement à la jeunesse. Avant tout, il s'appliquait à approfondir l'objet de son enseignement, à en bien posséder la matière, et, de plus, chaque jour il préparait sa classe avec une attention sérieuse. Ainsi maître du terrain, il se présentait devant ses élèves prêt à répondre à toutes leurs questions, et à même de proportionner ses leçons au degré d'intelligence de chacun. Il portait à tous un égal intérêt, sans préférence pour personne, stimulant celui-ci, encourageant celui-là, prodiguant à tous ses avis et ses conseils, mais aussi exigeant de tous, sans ménagement comme sans faiblesse, l'application au travail dont ils étaient capables. Sa classe, faite avec une gravité exempte de pédanterie, n'avait rien de rigide ni de sévère. On s'y sentait en famille. Volontiers même, il tolérait, à l'occasion, le mot pour rire ; mais il n'en tenait pas moins fermement les rênes et entendait que l'ordre y fût maintenu et l'attention soutenue. En ce qui concernait la surveillance générale, strict et régulier dans toute sa conduite, il voulait que la discipline et la règle fussent partout respectées. Toutefois, là encore, sa fermeté n'avait rien d'extrême. Rarement il avait recours au châtiment : une réprimande, un reproche amical, l'appel à la conscience, tels étaient les moyens qu'il employait pour ramener dans le bon chemin l'élève qui s'en était écarté. Tous les devoirs qu'il donnait à faire étaient exactement contrôlés : cependant, en seconde et en rhétorique, il donnait une attention spéciale aux compositions latines ou françaises de ses jeunes humanistes. Le moment était venu de leur faire bien saisir le génie et le caractère des deux langues, et de les exercer au maniement et au procédés propres de l'une et de l'autre. Déjà, au cours des classes, il savait très à propos faire ressortir à leurs yeux la beauté littéraire des auteurs classiques qu'ils expliquaient. Mais il fallait l'entendre commenter devant eux quelque belle page de Démosthènes ou de Cicéron, de Bossuet ou de Massillon : il y mettait de la verve, de l'enthousiasme et presque de l'éloquence. Et ses observations étaient si justes, ses appréciations si bien motivées, qu'il faisait passer dans leurs âmes, comme un jet de flammes échappé de la sienne, les sentiments d'admiration dont il était lui-même pénétré. Il corrigeait leurs essais avec beaucoup d'indulgence, sachant qu'il avait affaire à des débutants ; il n'avait de sévérité que pour les compositions informes et indigestes qui portaient les marques par trop évidentes de la négligence et de la paresse. Son soin principal était de former le goût de ses élèves et de leur inspirer le sentiment du beau littéraire ; et pour cela, non content de louer dans leurs travaux les parties bien traitées et réussies, il aimait à leur faire toucher du doigt, pour ainsi dire, ce qu'ils avaient de défectueux et d'imparfait, indiquant, ici, le faible d'une rédaction, là suggérant des détails dont on n'avait pas su tirer parti, redressant de sa main une construction vicieuse, ou mettant le mot propre, qui peint l'idée et la met en relief à la place d'un terme inexact ou mal choisi. Ainsi retouché, le travail de l'élève prenait une régularité et un air de correction dont l'auteur était flatté, car cette œuvre, bien qu'améliorée par une main étrangère, était encore la sienne, et celui-ci, par cette leçon, directe et pratique, se formait au maniement de la langue et apprenait de quelle manière il devait s'y prendre pour mieux réussir une autre fois. Comment un professeur si habile et si dévoué n'eût-il pas été chéri et adoré de ses élèves !

Tel fut l'abbé Janvier comme professeur, pendant les seize ou dix-sept ans qu'il enseigna au petit Séminaire, sans s'écarter jamais de l'excellente méthode qu'il s'était tracée.

Cependant, quelque soin qu'il apportât à remplir sa tâche de chaque jour, il savait encore se ménager des loisirs, soit pour poursuivre des études personnelles, soit pour rédiger des articles de critique qu'il destinait à la *Bibliographie catholique*, où ils étaient fort remarqués, soit pour composer les sermons qu'on lui demandait de toute part. Il a, en effet, énormément prêché dans le cours de sa vie. Il n'est pas une des églises paroissiales de la ville de Tours, pas une des chapelles de communauté où il ne se soit fait entendre à plusieurs reprises. On se le disputait, à la lettre, à l'occasion des grandes solennités ; toujours prêt, et trop bienveillant pour refuser un service à ses confrères, quiconque lui demandait le concours de sa parole, était sûr de l'obtenir, à moins qu'il ne fût retenu d'avance, ou empêché par ses devoirs professionnels. Pendant longtemps, il prêcha deux ou trois fois chaque année à la Cathédrale, et toujours avec un grand succès. Nous avons entendu Mgr Morlot, à la suite d'un sermon sur l'apostolat de saint Gatien, croyons-nous, s'écrier avec une sorte d'enthousiasme : « C'était admirable ! » — Une autre fois, au début de sa carrière sacerdotale, M. l'abbé

Bruchet, vicaire général, l'ayant entendu prêcher dans l'église de Saint-Saturnin, s'approcha de lui lorsqu'il rentrait à la sacristie et lui dit aimablement : « Macte animo, juvenis optimæ spei (1) ». Eloge aussi délicat que flatteur dans la bouche d'un homme si grave et d'un si bon juge ! Les fidèles aimaient beaucoup à l'entendre ; tous remportaient de ses instructions une émotion profonde et une salutaire impression. Sa démonstration, en effet, accompagnée d'élans de l'âme et de cris du cœur, portait la conviction dans les esprits en même temps qu'elle avait le secret d'émouvoir et d'attendrir. Il avait un talent singulier pour féconder un sujet, élargir un plan, descendre au fond d'une idée et l'envisager sur toutes ses faces. Son imagination vive et brillante donnait de la couleur à ses tableaux, mais sans gêner en rien la marche logique du discours qui aboutissait toujours à des conclusions édifiantes et pratiques, utiles au salut et à la sanctification de ses auditeurs; ce qu'il ne perdait jamais de vue. Du reste, dans ses instructions, toujours ordonnées et méthodiques, pas ombre de recherche ni d'affectation, rien qui visât à l'effet. Un style simple et clair, une douce onction, une imagination féconde, aidée d'une heureuse mémoire, une phrase élégante, parfois gracieuse, et toujours d'une correction parfaite,

(1) Courage, jeune homme, qui donnez de si belles espérances !

tels étaient les caractères de son éloquence. C'est pourquoi, quelque sujet qu'il traitât, il était toujours à la portée de son auditoire, et chacun pouvait le suivre sans effort. — Les anciens élèves du petit Séminaire n'ont point oublié les instructions qu'il leur adressait assez souvent le dimanche soir, à l'exercice de l'Archiconfrérie. Tous étaient suspendus à ses lèvres ; la grâce de son langage et l'onction de sa piété ravissaient leur esprit, en même temps qu'elles remuaient leur cœur. Les plus dissipés eux-mêmes étaient attentifs et gardaient le silence.

Il faut bien le dire pourtant, il n'avait pas tout ce qu'il faut pour être, à proprement parler, un orateur : sa voix était faible, un peu voilée, et son intonation était fausse. Ce dernier défaut était dû en grande partie à une surdité gênante, sans être complète, qu'il avait contractée, étant jeune encore, à la suite d'une maladie qui l'avait conduit aux portes du tombeau, et que le temps n'avait fait qu'aggraver. Quand il prenait la parole, au début, le ton de sa voix avait quelque chose de désagréable qui choquait les oreilles de ses auditeurs. Mais bientôt on oubliait cette tonalité, à chutes monotones, pour se laisser aller au charme des idées et à la magie du style, et suivre les développements ingénieux et pleins d'intérêt qu'il savait donner à sa pensée. Cette infirmité a nui à sa carrière et a souvent paralysé son action : elle fut pour lui une constante et douloureuse épreuve.

Mais ce beau talent d'écrivain, cette élocution brillante, comment les avait-il acquis? C'est un point qu'il importe de consigner ici.

Si bien doué que fût l'abbé Janvier, il n'était point de ces hommes à conception prompte et soudaine, dont le génie n'a besoin, pour ainsi dire, que de déployer ses ailes pour prendre son essor. Cette habileté dans l'art d'écrire et cette pureté de langage, que nous avons tant de fois admirées en lui, n'étaient point uniquement un don de la nature ; c'était aussi, pour une large part, le fruit d'un travail opiniâtre, qui ne lâchait prise qu'après avoir triomphé de tous les obstacles et atteint son but. Nous avons eu entre les mains les manuscrits de quelques-uns des premiers sermons qu'il prêcha à la Cathédrale ; ils sont chargés de ratures, de renvois et de phrases mainte fois reprises et modifiées. On y sent le dépit d'un génie qui se désole et se gourmande de ne pouvoir atteindre la beauté idéale qu'il poursuit, et dont la réalisation fait le désespoir. Ce n'était point du premier coup qu'il se rendait maître d'un sujet, il lui fallait y revenir et le méditer sérieusement ; ce n'était qu'à la longue qu'il en pénétrait la profondeur et en embrassait tout l'ensemble ; il n'avait pas moins de peine à trouver l'expression juste, exacte, vivante qui rendait bien sa pensée et donnait à son style la vigueur qui saisit l'esprit et l'harmonie qui charme l'oreille. Sans doute, son fonds naturel était riche et fécond, mais, comme les meilleures terres, il avait besoin, pour se couvrir de moissons, d'être travaillé, profondément remué et arrosé de ses sueurs. Hâtons-nous de le dire, il n'en fut ainsi qu'à ses débuts ; car plus tard, grâce à cet exercice intellectuel persévérant, il avait fini par acquérir une merveilleuse facilité de composition. Si nous faisons cette remarque, c'est qu'elle est toute à sa louange : un talent si remarquable, acquis ou développé au prix de tant d'efforts, n'en est que plus digne d'admiration.

Mgr Morlot, après son arrivée à Tours, ne tarda pas à découvrir l'homme de mérite que cachait l'humble professeur de seconde. Bientôt il devint un de ses admirateurs, et, plus d'une fois, il lui donna des preuves éclatantes de l'intérêt et de l'affection qu'il lui avait inspirés. Dès l'année 1849, il l'avait nommé chanoine honoraire, au moment où le modeste auteur se préparait à publier ses *Réflexions sur les Epîtres et les Evangiles du dimanche*, dont la forme élégante et l'onction touchante rappellent quelques-unes des meilleures pages de Fénelon. — En 1854, il lui donna des lettres de vicaire général et l'appela dans son conseil, et l'année suivante, il lui conférait le titre de chanoine titulaire. Cette double promotion le plaçait immédiatement, et coup sur coup, aux premiers rangs du clergé. Cependant, si rapide qu'elle ait été, elle n'étonna personne, parce que personne ne mettait en doute le mérite du candidat : nous nous trompons ; il y eut quelqu'un qu'elle étonna beaucoup, ce fut celui qui en était l'objet ; son humilité en était toute confuse. Les honneurs venaient à lui, sans qu'il y eût jamais songé, sans qu'aucun de ses succès eût fait naître dans son âme le moindre sentiment d'ambition.

Mais en vain cherchait-il à s'abriter sous le voile de sa modestie, tout concourait à le mettre de plus en plus en évidence. Bientôt Son Éminence le cardinal Morlot allait lui donner un nouveau témoignage de la haute confiance que lui inspiraient son dévouement et son savoir-faire.

Dans le cours de cette même année 1855, M. l'abbé Mauduit, supérieur du petit Séminaire, ayant été nommé curé de Vouvray, l'abbé Janvier fut appelé à le remplacer. La mission était difficile ; mais si lourd qu'en fût le fardeau, il ne le crut point au-dessus de son courage. Il prit aussitôt les rênes du gouvernement avec ce zèle ardent et un peu passionné qu'il apportait à tout ce qu'il entreprenait. Actif, infatigable, il était présent partout, se rendant compte de tout, et concentrant dans ses mains, quelque compliqués qu'ils fussent, tous les fils de l'administration. Grâce au concours empressé que lui prêtèrent tous les professeurs, la discipline fut maintenue avec plus de fermeté que jamais. Sous sa direction, la prospérité morale de l'établissement, loin de s'affaiblir ne fit que s'accroître. Le bon esprit et la piété fleurirent parmi les élèves ; les études, restées solides et brillantes, obtinrent les mêmes succès qu'autrefois. Toutes les familles continuèrent leur confiance au nouveau directeur, et le petit Séminaire conserva la réputation d'établissement modèle dont il jouissait depuis longtemps dans toute la contrée.

C'était lui qui prenait la parole à la distribution des prix qui couronnait les travaux à la fin de l'année scolaire : les discours qu'il prononça à cette occasion, travaillés avec soin et traités de main de maître, étaient fort applaudis. Le sujet en était toujours grave et sérieux. La justesse et la beauté des pensées, exprimées dans un style élégant et ferme, en faisaient de véritables chefs-d'œuvre du genre.

Tout faisait donc espérer qu'entre ses mains l'avenir du petit Séminaire serait digne de son passé, lorsqu'un évènement imprévu vint tout à coup l'arrêter dans sa voie, et bientôt allait mettre un terme à sa brillante carrière d'instituteur de la jeunesse.

Sur ces entrefaites, S. E. le cardinal Morlot ayant été appelé à l'archevêché de Paris, Mgr Guibert fut nommé archevêque de Tours. L'illustre prélat apprit d'abord avec une grande satisfaction l'état prospère et florissant du premier établissement ecclésiastique de son diocèse; mais ensuite, instruit des embarras financiers dont il était obéré depuis de longues années, par suite de circonstances tout à fait étrangères à la gestion de l'abbé Janvier, il s'en montra effrayé, et, par une mesure rigoureuse qu'il jugeait nécessaire et d'une prudente administration, il congédia les élèves, ferma la maison jusqu'à nouvel ordre, et, l'année suivante, il en confia la direction à MM. les prêtres de la Mission. L'abbé Janvier en avait été le supérieur pendant un peu plus de deux ans.

III

Peu après la fermeture du petit Séminaire, en 1857, l'abbé Janvier se retira dans une modeste maison, cachée et solitaire, située rue Racine. Là, pendant près de quinze ans, et plus tard pendant les quelques années durant lesquelles il habita rue du Général-Meunier, il mena une vie de véritable anachorète, partageant son temps entre la prière, l'étude et la prédication. La régularité de vie qu'il avait contractée dans les séminaires, et qui était devenue comme une partie de lui-même, l'y accompagna. Debout à cinq heures du matin, il faisait immédiatement son oraison et ses autres exercices de piété, disait sa messe, puis rentrait chez lui en toute hâte, empressé qu'il était de ménager son temps et de mettre à profit les heures de liberté que lui laissaient ses devoirs canoniaux. L'étude qui l'occupait alors était celle de la Somme de saint Thomas, qu'il relut, dit-on, jusqu'à trois fois. Suarez était aussi un de ses auteurs favoris :

il étudia à fond quelques-uns des plus beaux traités de cet illustre théologien, auquel, jusque dans les derniers temps de sa vie, il aimait toujours à revenir.

Tout ce qui sentait le luxe et l'éclat répugnait à ses goûts ; aussi dans sa demeure, meubles et appartements, tout était-il simple, modeste et pauvre comme dans un cloître; sa chambre ressemblait à la cellule d'un moine. Forcément condamné à l'isolement par son infirmité d'oreilles, il voyait peu de monde : toutes ses relations se bornaient à quelques amis et aux personnes qui venaient réclamer son ministère ou implorer sa charité. Rarement il sortait de sa retraite ; en dehors des deux séjours qu'il fit à Rome, jamais, croyons-nous, il ne s'en éloigna pour faire un voyage de pur agrément; il ne la quittait guère que pour se rendre aux offices du Chapitre, auxquels il assistait avec une assiduité scrupuleuse, faire une promenade solitaire, aller prêcher dans les communautés de la ville, — les grands sermons commençant à le fatiguer, il ne tarda pas à y renoncer, — ou bien encore pour aller présider quelqu'une des diverses associations dont il était le directeur. Parmi celles-ci, nous devons mettre au premier rang l'Association des Mères Chrétiennes, qui lui était particulièrement chère, et pour laquelle il ressentait une sorte de prédilection. Pendant plus de vingt-cinq ans, et jusque dans les derniers mois de sa longue maladie, il en présida les réunions mensuelles, qu'il accompagnait toujours d'une de ces délicieuses instructions, si goûtées de tout le monde, et dont il savait si bien varier le sujet, qu'elles avaient à chaque fois, pour son auditoire, le charme de l'à-propos et de la nouveauté : aussi ne se lassait-on point de l'entendre.

Plusieurs fois, Mme la marquise de Beaumont, présidente de l'Association des Mères chrétiennes et ses conseillères, désireuses de relire à loisir et de savourer à leur gré ces petits discours, faits pour elles et si bien appropriés à leurs besoins, insistèrent auprès de lui pour le déterminer à les réunir en volume et à les publier ; il s'y refusa toujours, alléguant qu'il n'avait conservé de ces instructions que des notes très incomplètes qui ne lui permettaient pas de les reconstituer. C'était la vérité ; depuis longtemps déjà, il se contentait de méditer son sujet et parlait sans avoir rien écrit.

Il était encore le directeur de l'association de Notre-Dame des Bons Livres dont le centre est au couvent des Dames de la Retraite, à Saint-Symphorien. Il avait également cette œuvre grandement à cœur, à cause du bien qu'elle est appelée à faire à la jeunesse, à qui elle fournit des livres d'une lecture saine et édifiante, et au sein des familles, en y introduisant des ouvrages sérieux, intéressants et bien écrits, où la religion et les mœurs sont respectées. Les dames qui en composent le conseil n'oublieront point quel tact et quelle sûreté de jugement il apportait dans l'appréciation des œuvres qu'il s'agissait d'introduire dans la bibliothèque pour la rendre, par sa variété, aussi agréable qu'utile.

C'était lui enfin qui était chargé de la direction d'une autre association plus humble et plus cachée, celle du Tiers Ordre du Carmel. Les membres de cette association avaient aussi leur part de son dévouement: tous les ans il présidait leur retraite, et chaque mois il les évangélisait.

Pendant ces années de recueillement et de solitude, ses amis l'exhortèrent souvent à entreprendre quelque ouvrage sérieux d'histoire ou de littérature : « A quoi bon? répondait-il; il y a déjà tant de livres! » Ce qui l'arrêtait c'était le choix d'un sujet; aucun ne le tentait. Il fallait à cet homme de Dieu, qui *portait son âme dans ses mains*, le mot d'ordre de l'autorité pour le déterminer à une entreprise quelconque en dehors de ses obligations d'état. Mais dès que l'autorité avait parlé, toutes ses facultés s'éveillaient, se mettaient en action, et son esprit, stimulé par la pensée du devoir, produisait des œuvres d'une remarquable perfection. C'est ainsi qu'à la demande de Mgr Guibert, il composa la vie de la Bienheureuse Jeanne-Marie de Maillé, dont le culte venait d'être rétabli en Touraine, et, aux instances de M. Mame, celle de saint Pierre, son patron. Chacun de ces ouvrages lui demanda à peine une année de travail.

Ajoutons que, depuis 1874, il était chargé de la rédaction de la *Semaine religieuse* du diocèse, à laquelle il fournissait alors de nombreux articles.

Ainsi cette longue période de sa vie, passée dans l'ombre et sans bruit, n'en fut pas moins devant Dieu une période laborieuse, féconde et saintement remplie.

Il nous reste à dire un mot de la place honorable qu'il occupait dans le Chapitre métropolitain.

Il avait été nommé, avons-nous dit, chanoine titulaire en 1855. A la mort de M. l'abbé Bourassé, doyen du chapitre, en 1872, Mgr Fruchaud le désigna pour lui succéder. Tous ses collègues applaudirent à ce choix, que justifiaient tout à la fois son ancienneté, son talent et son renom de sainteté. Nul n'était plus digne que lui d'être mis à la tête du corps vénérable dont il a été si longtemps l'honneur et la gloire. Personne parmi nous ne contestait sa supériorité réelle ; mais les hommages rendus à ses mérites éminents ne se bornaient pas au diocèse de Tours : déjà sa réputation commençait à s'étendre au loin , et partout, son nom était entouré d'estime et de vénération. Quant à ses collègues du Chapitre métropolitain , ils n'étaient pas seulement remplis de déférence et de respect envers leur docte et pieux doyen, ils étaient encore fiers de l'avoir pour interprète dans les circonstances solennelles où il était chargé de haranguer Mgr l'archevêque ou quelque autre illustre personnage, en leur nom. Ils admiraient alors quelle forme délicate et quelle finesse exquise il savait donner à la louange ; avec quelle distinction et quelle émotion contenue il exprimait les sentiments d'estime profonde et de respectueux dévouement dont ils étaient animés à l'égard du premier pasteur du diocèse.

IV

Mais l'œuvre capitale de l'abbé Janvier , celle à laquelle son nom restera désormais attaché, est l'œuvre de la Sainte-Face. On en connaît l'origine. Chacun sait que le culte de la sainte Face fut sinon inauguré dans la ville de Tours, du moins ardemment propagé par le vénérable M. Dupont, mort au milieu de nous en odeur de sainteté. Les faits merveilleux, ayant les caractères apparents de véritables miracles, opérés dans sa demeure, au pied de l'image de la Face de Notre-Seigneur, devant laquelle ce pieux laïque entretenait , nuit et jour , une lampe allumée, contribuèrent grandement à répandre cette dévotion. Ces évènements eurent à l'époque un grand retentissement, et acquirent au *saint Homme de Tours* une réputation européenne. De toutes les parties de la France et de l'Etranger, on vit affluer dans notre ville des malades et des infirmes qui venaient demander leur guérison au thaumaturge. Sa maison prit dès lors un caractère mys

térieux qui lui donnait comme une sorte de consé-
cration. On sentait qu'un saint avait passé par là
et y avait laissé la trace lumineuse de ses pas. A la
mort de ce grand serviteur de Dieu, elle fut achetée
par quelques personnes charitables, dévouées à sa
mémoire, comme un lieu saint qu'il fallait à tout
prix ne pas laisser profaner, et remise à la disposi-
tion de l'autorité diocésaine, comme un dépôt
sacré. Mgr Colet, cédant alors aux sollicitations
qui lui étaient adressées de toutes parts, consentit
à transformer en oratoire l'appartement même
qu'avait habité ce fervent chrétien, et qui avait été
témoin de tant de prodiges dont il importait de
garder le souvenir.

Une grande idée et éminemment chrétienne,
celle de la réparation par la prière et la pénitence
des outrages faits à Dieu dans le monde par l'im-
piété et l'irréligion, s'était emparée du vénérable
M. Dupont, dans la seconde partie de son existence,
comme une noble et sainte passion. Il en était tout
pénétré, c'était l'objet habituel de ses entretiens,
sa correspondance en est remplie : en un mot, elle
était devenue comme le centre unique et le grand
mobile de sa vie.

Qui ne l'a entendu, parmi ses familiers et ses
intimes, exalter les mérites et la nécessité présente
de l'expiation à une époque où Dieu était tant
outragé ? Et alors, quel feu dans son regard !
Quelle conviction dans ses paroles ! Le zèle de la
réparation, à vrai dire, dévorait son âme. A ses

yeux, le culte lui-même de la sainte Face, si cher à sa piété, n'en était que le symbole, le signe extérieur et la manifestation vivante. Là, selon lui, était le salut de la société : les pieux fidèles qui s'étaient associés à sa prière, sous l'inspiration de la même pensée, partageaient ses sentiments. Il fallait donc que l'érection de l'oratoire de la Sainte-Face, pour répondre aux inspirations de l'homme de Dieu, eût un double objet: honorer d'un culte spécial la Face adorable de Notre-Seigneur, et faire de ce sanctuaire un foyer de ferveur et de piété, dont le rayonnement irait au loin éveiller dans les âmes le besoin généreux de réparer l'honneur de Dieu outragé et d'apaiser sa justice par le sacrifice et l'immolation. Ainsi l'avait compris Mgr Colet en consacrant à Dieu la demeure du saint homme de Tours. Mais le sanctuaire une fois établi, il fallait un prêtre pour le desservir et en être le gardien, pour y maintenir le culte de la sainte Face et en faire le centre de l'association qui avait pris naissance dans ce saint lieu. Le prélat pria M. Janvier de se charger de cette mission. Il s'agissait d'un acte de dévouement à accomplir : ce fut pour le vénérable doyen une de ces tentations auxquelles il ne savait pas résister. Malgré ses soixante ans et l'infirmité dont il était atteint, — en homme de foi qui voit l'appel de Dieu dans celui de ses supérieurs, — il n'hésita point et accepta. Il se transporta donc de l'habitation qu'il occupait rue du Général-Meunier à la Sainte-Face, accompagné de l'abbé Balzeau qu'il avait demandé à Mgr l'Archevêque pour collaborateur.

Dès les premiers jours, M. l'abbé Janvier crut le moment opportun de s'ouvrir à Mgr l'Archevêque sur un projet qui préoccupait son esprit et obsédait sa pensée. Il nourrissait depuis longtemps le désir, ou du moins caressait l'espoir, de voir établir en Touraine une association de prêtres diocésains dont la mission aurait pour but de remplacer dans leurs fonctions les prêtres malades ou infirmes, curés ou vicaires, et de venir en aide à leurs confrères dans les circonstances solennelles où le saint ministère, surchargé outre mesure, devient accablant. Tout en faisant ses confidences au prélat, il lui laissa entrevoir, qu'à son avis, l'œuvre de la sainte Face était merveilleusement appropriée pour devenir le berceau d'une institution de ce genre. Mgr Colet entra immédiatement dans ses vues, et, par une ordonnance archiépiscopale, il institua en association sacerdotale les deux premiers prêtres de la sainte Face, auxquels il promit d'adjoindre des collaborateurs dans un avenir prochain, avec charge, comme mission première de desservir le sanctuaire, et comme but secondaire, de remplacer les prêtres infirmes ou malades du diocèse. Par là, et du même coup, l'œuvre de la Sainte-Face était consolidée sur ses bases et son champ d'action singulièrement élargi : d'institution locale, elle devenait une institution vraiment diocésaine.

A peine le sanctuaire fut-il ouvert, qu'aussitôt les fidèles y affluèrent, attirés vers ce saint asile par la mémoire de M. Dupont et la bonne odeur de ses vertus. Le culte public y fut définitivement installé : des messes étaient dites dans la matinée ; divers exercices religieux avaient lieu dans le courant du jour ; des instructions étaient adressées aux fidèles ; l'adoration du Saint-Sacrement, nuit et jour, une fois par semaine, y était établie ; déjà des pèlerinages venus de loin s'y donnaient rendez-vous. L'oratoire tout enveloppé d'ombre et de mystère et où tout rappelait de si touchants souvenirs exerçait sur les âmes une puissante attraction. On s'y rendait de toute part ; les malades y venaient chercher leur guérison, les personnes affligées une consolation à leur douleur, le pécheur son pardon, les âmes pieuses le recueillement de la prière et de l'adoration. Chaque jour, le flot, loin de s'arrêter, ne faisait que grandir. Les deux fondateurs durent se multiplier pour répondre à l'empressement de la foule. Dès lors l'abbé Janvier ne s'appartint plus. L'œuvre de la Sainte-Face, devenue plus que jamais l'objet constant et à peu près exclusif de ses pensées, l'absorba tout entier. C'était un des traits de son caractère de se donner sans ménagement et sans réserve à l'affaire présente qui le préoccupait. Peu à peu, il s'adjoignit quelques autres coopérateurs qui le secondèrent avec un zèle dont il était touché et reconnaissant. Nul plus que lui cependant n'était empressé à payer de sa personne toutes les fois que le culte de la sainte Face ou l'œuvre d'expiation, qui en est l'âme et l'émanation touchante, réclamaient sa présence ou l'édification de sa parole. Dès le matin, un des premiers rendu à la chapelle, il y restait parfois après sa messe des heures entières, et tout le temps dont il était besoin pour satisfaire à la piété des fidèles; présidait tous les exercices religieux, recevait les pèlerinages et haranguait les pèlerins, prenait part à l'adoration nocturne, prêchait souvent aux saluts du Saint-Sacrement, et non moins souvent les dimanches et les fêtes solennelles. Rien de ce qui touchait de loin ou de près à la Sainte-Face ne lui était étranger, rien ne s'y faisait sans son avis : il voulait tout connaître, tout contrôler. Là étaient son cœur, son âme et sa vie. Jamais il ne sortait en ville que pour affaire urgente ; rarement il prenait une recréation suffisante pour détendre son esprit et réparer ses forces : à moins qu'il ne fût retenu par des hôtes ou par des visiteurs, que d'ailleurs il accueillait toujours d'un air aimable et gracieux, d'ordinaire, après chaque repas il montait dans sa chambre, et se mettait au travail avec une application qui en doublait les fruits, mais qui aussi en doublait la fatigue. En vain ses amis le conjuraient de modérer son ardeur et de ménager une vie qui leur était si chère; ils ne pouvaient rien obtenir. Il souriait, promettait…, puis bientôt, oubliant leurs conseils et toujours dur à lui-même, il se remettait à sa besogne accoutumée, sans prendre aucun souci de sa santé. Par quel prodige, avec une constitution aussi délicate que la sienne, a-t-il pu résister si longtemps à de tels labeurs? Du côté de Dieu, c'était le secret de sa grâce qui le soutenait; mais de son côté, à lui, c'était encore, pour une bonne part, l'effet de cette volonté tenace dont nous avons parlé, qui n'écoutait jamais la nature, ne connaissait que le devoir et allait droit à son but, n'importe au prix de quels sacrifices il devait l'atteindre. On se demande avec étonnement comment, au milieu de journées si complètement remplies, il a pu, en dehors des offices du Chapitre, auxquels, nous l'avons dit, il ne manquait jamais, trouver le temps nécessaire pour surveiller la rédaction de la *Semaine religieuse* et celle des *Annales de la Sainte-Face*, auxquelles il contribuait souvent et dont il corrigeait toutes les épreuves, — pour composer d'innombrables opuscules destinés au service de l'Oratoire, — pour dépouiller son courrier et expédier sa correspondance, qui à la fin était devenu très étendue,—pour présider au dehors les trois ou quatre associations dont il était le directeur, — pour écrire enfin des ouvrages de longue haleine, tels que la vie de la sœur Saint-Pierre, et celle surtout de M. Dupout qui, à elle seule, eût demandé à tout autre plusieurs années d'un travail sérieux et assidu !..... Hélas! ce temps, nous ne savons que trop à quel prix il l'achetait, et ce que son emploi excessif nous a coûté! — Il a succombé à l'excès du travail, mais, disons-le à sa gloire, comme les vaillants d'Israël, il est tombé au champ d'honneur.

Il avait reçu, l'année même qui précéda sa dernière maladie, une faveur du Souverain Pontife qui mit le comble à ses vœux : Rome avait érigé la confrérie de la Sainte-Face en archiconfrérie. Mais la volumineuse correspondance qu'il entretint, à cette occasion, avec l'épiscopat du monde entier dont il sollicitait l'appui, acheva d'épuiser ses forces.

L'heure était venue où le soldat de Jésus-Christ allait replier sa tente : sa carrière ici-bas touchait à son terme.

Les symptômes de la maladie qui l'emporta dataient déjà de loin : depuis près de dix-huit mois, il était devenu malingre et souffrant. L'estomac fonctionnait mal ; les digestions étaient pénibles et le sommeil agité. Son visage était profondément amaigri, ses traits abattus, son teint terne et pâle. Bientôt survint une extrême faiblesse qui ne lui permit plus de faire la moindre course ; ses jambes semblaient refuser de le porter. C'étaient là évidemment des indices d'un mal profond et d'une santé bien compromise. Cependant, grâce aux bons soins qui lui étaient prodigués, il se soutenait tel quel, allant et venant dans la maison, vaquant même, mais non sans peine, à presque toutes ses occupations ordinaires.

Il accepta même, au mois d'octobre 1886, malgré son affaiblissement sensible, la mission d'aller en

Italie, au nom du Chapitre, recevoir à Solero une
insigne relique de saint Perpet, dont cette ville
avait bien voulu faire la concession gracieuse à
l'Église de Tours. Il partit, accompagné d'un de
ses collègues, et acheva le voyage sans trop de
fatigue. Une brillante réception attendait les deux
délégués du Chapitre sous le beau ciel de l'Italie.
Partout on se disputait à l'envi l'honneur de leur
donner l'hospitalité. A leur arrivée à Solero, ils
furent accueillis par un grand concours de peuple
se pressant sur leur passage pour leur souhaiter la
bienvenue et leur faire cortège. Ce fut le dimanche
suivant que le précieux dépôt qu'ils étaient venus
chercher fut remis entre leurs mains. On célébrait
ce jour-là, à Solero, la fête de saint Perpet, premier patron de l'antique collégiale. Le clergé tint
à honneur de donner à cette solennité un éclat inac-
coutumé à l'occasion de la présence des pieux
chanoines de Tours. Dès le matin, toute la popu-
lation, accrue d'un grand nombre d'étrangers,
accourus de tous les villages voisins, était sur
pied. Les cloches sonnaient à toutes volées ; les
rues étaient richement décorées, les édifices publics
pavoisés ; une magnifique procession, aux mille
bannières déployées, rehaussée par la présence de
la municipalité et de toutes les autorités locales.
portant en triomphe les saintes reliques, déroulait
ses phalanges au milieu d'une foule respectueuse
et religieusement recueillie. Monseigneur l'évêque
d'Alexandrie, venu tout exprès de sa ville épiscopale

présidait la cérémonie. M. l'abbé Janvier le harangua avec cet à-propos et cette éloquence du cœur dont il avait le secret. Le vénérable doyen conserva de cette solennité une douce et profonde impression ; il regardait comme une faveur du ciel d'avoir été choisi, au soir de sa vie, pour remplir ce glorieux message qui avait pour résultat de rendre à l'Eglise de Tours une portion notable des reliques de l'un de ses plus illustres pontifes.

Au retour de ce long voyage, l'état général de sa santé ne parut pas s'être aggravé. Au bout de quelques mois, au contraire, un mieux sensible se manifesta : les traits du visage avaient perdu quelque peu de leur maigreur et s'étaient éclaircis ; l'appétit était plus satisfaisant ; les forces semblaient revenir peu à peu.

Nous ne désespérions pas encore de le voir, à la longue, recouvrer une santé plus ou moins précaire lorsque, tout à coup, le jeudi 27 janvier il fut pris de vomissements violents : c'était l'explosion finale de la terrible maladie qui allait nous l'enlever. A partir de ce jour-là, il ne fit plus que languir ; toute la semaine suivante il fut obligé de garder le lit. Dans la matinée du samedi 4 février, les symptômes devinrent de plus en plus alarmants : tout faisait craindre un dénouement fatal. Vers trois heures, Mgr Meignan, qui lui portait une affection mêlée de respect et d'admiration, et qui savait quel prêtre respectueux et dévoué à sa personne la mort menaçait de lui ravir, vint le visiter. Le malade se montra très touché de cette démarche du vénérable prélat, l'en remercia avec effusion, s'entretint quelques instants avec lui, et lui recommanda l'œuvre de la Sainte-Face, ses prêtres, ses enfants, son présent et son avenir. Quant à lui, étendu sur son lit de douleur, il était calme, patient, résigné à la volonté de Dieu, conservant, malgré l'approche du trépas, une parfaite lucidité d'esprit, comme si Dieu eût voulu rendre plus méritoire le sacrifice de sa vie, qu'il allait lui demander, en lui en laissant jusqu'au bout la claire vue. Cependant il fallait se hâter ; le péril devenait de plus en plus imminent. A cinq heures, M. le curé de la Cathédrale, entouré de tous les chanoines en habit de chœur, lui apporta le saint viatique et lui administra le sacrement de l'Extrême-Onction. Pendant la cérémonie, il ne cessa point de donner des marques de la plus vive piété, s'abandonnant entre les mains de Dieu, et s'unissant aux prières que l'on faisait pour lui. Dans les angoisses de ce moment suprème, MM. les vicaires généraux et MM. les chanoines présents vinrent lui serrer la main ; il les reconnut l'un après l'autre et eut pour chacun d'eux un mot d'affection et de reconnaissance. Quelques heures plus tard, tranquillement et sans agonie, il rendait son âme à Dieu.

Ses funérailles ont eu lieu à la Cathédrale, le mardi 7 février, au milieu d'un grand concours de prêtres et de fidèles. Mgr l'Archevêque, qui assistait à la cérémonie, voulut faire l'absoute, tenant, sans doute, à donner lui-même une dernière bénédiction à la dépouille mortelle de ce prêtre aussi vertueux que distingué, dont la perte a laissé un si grand vide dans son clergé.

Et maintenant, cher et excellent ami, « *ô Jonathas, ô notre frère, vous dont l'âme était si belle et l'amitié si douce, il ne nous reste plus qu'à arroser votre tombe de nos larmes* (1). Vous recevez aujourd'hui dans le ciel la récompense que Dieu réserve aux champions de sa cause qui ont vaillamment combattu pour sa gloire et le salut des âmes. Jouissez de votre bonheur ; mais n'oubliez point ceux qui vous pleurent. Votre souvenir restera ineffaçable et toujours vivant dans notre cœur, et les beaux exemples que vous nous avez donnés nous indiqueront le chemin qu'il faut suivre pour vous rejoindre : car loin de vous notre être est incomplet, nous sentons qu'en vous perdant, nous avons perdu la moitié de nous-mêmes : *animæ dimidium meæ*.

(1) 11 Reg. — 1, 26. — Doleo super te, frater mi, Jonathas, deco[illegible] nimis et amabilis. —

IMPRIMERIE PAUL BOUSREZ, A TOURS